ACTIVANDO EL LENGUAJE DE SUS SUEÑOS

SERIE EMPODERAMIENTO

Libros para infundir el Reino que le permiten vivir
en la tierra como si estuviera en el cielo.

Libros de la serie Empoderamiento de Jerame Nelson:

Activating your Spiritual Senses

Activating the Justice of God

Activating your Dream Language

Activating God's Power in Your Life

ACTIVANDO EL LENGUAJE DE SUS SUEÑOS

Una mirada más detallada sobre
la recepción de sueños y visiones

Jerame Nelson

Living at His Feet Publications
Living At His Feet Ministries
591 Telegraph Canyon Rd. Suite 705
Chula Vista, CA 91910
www.livingathisfeet.org
admin@livingathisfeet.org

www.livingathisfeet.org
admin@livingathisfeet.org

ISBN   978-0-9849687-4-9

Para distribución internacional, impreso en los Estados Unidos.
1 2 3 4 5 6 7 8 9 10 11 / 09 08 07 06

Traducido por HighSierra Translations: www.highsierratranslations.com
Diseño de la tapa por Brian Blount: www.webvisiongraphics.com
Diseño de la página por Mark Buschgens: www.markedbydesign.net

CONTENIDO

Prólogo por Bob Jones   9

Sintonizando las formas en que Dios se comunica   11

Interpretando el lenguaje personal de sus sueños   19

Ampliando el alcance de los sueños y visiones
más importantes   31

Tipos de sueños   41

De sueños a milagross   59

PRÓLOGO

Es un placer escribir el prólogo para el libro más reciente de Jerame titulado **Activando el lenguaje de sus sueños**. En los últimos cinco años, he pasado mucho tiempo con Jerame y fui testigo de los frutos obtenidos en su vida y en su ministerio.

Jerame es una nueva voz profética que Dios está elevando en esta generación. Jerame tiene la vocación de despertar a los profetas y posee una fuerte unción profética, además de una habilidad asombrosa para enseñar y movilizar a las personas en el ámbito de la comprensión de los sueños y visiones.

¡Usted será enormemente bendecido cuando conozca lo que Dios le ha enseñado a Jerame tanto de su relación con Él como a través de su ministerio! Este libro lo situará en un lugar donde podrá escuchar a Dios más claramente por medio de sueños y visiones.

Bob Jones
Bob Jones Ministries
www.bobjones.org

PROLOGUE

SINTONIZANDO LAS FORMAS EN QUE DIOS SE COMUNICA

La mejor forma de comunicación de Dios no es el inglés. Dios puede hablarle de algo con sólo una imagen (una imagen que puede revelarle mucho más que de lo que usted cree).

Muchos de nosotros, si somos auténticos y sinceros, alguna vez le hemos pedido: "¡Dios, háblame! Hemos orado: "¡Señor, quiero más de ti!" Y pasamos media hora gritándole y rogándole a Dios, pero Él espera con calma y responde: "Si tan solo guardaras silencio. Si pudieras escuchar, entonces yo hablaría".

A veces Dios espera hasta que estemos inconscientes y roncando para hablarnos. ¡Tal vez sea el único momento que lo escuchamos activamente!

Una relación es un camino bidireccional. Si pasa todo su tiempo orando y luego se va a Starbucks, es posible que no escuche cuando Dios responda a su monólogo. Probablemente debería orar y luego quedarse esperando durante el mismo tiempo que oró. Cuando usted espera,

Dios habla. "Estad quietos y conoced que yo soy Dios" es lo que el Salmista escribió en los Salmos 46:10. Se puede saber quién es Dios cuando uno está calmado y en silencio, esperando escuchar su voz o ver lo que tiene para decirnos.

Dios habla a través de metáforas. Se expresa por medio de un lenguaje, símbolos y señales que a veces nos parecen extraños. Pocas veces entendemos lo que Él dice, porque aún no hemos desarrollado la capacidad de comprender el lenguaje del Espíritu.

A menudo, los sueños nos dejan la sensación de estar transmitiendo un mensaje extraño pero importante. Es una sensación que perturba a algunas personas. Es como si supieran que Dios está diciendo algo profundo pero al despertarse no entienden el mensaje. Es el presentimiento irresuelto de que Dios está transmitiendo un mensaje importante pero que está oculto dentro de una metáfora. ¿Por qué Dios no nos habla directamente, cara a cara? Sí lo hace, pero tiene una forma exclusiva de hablarle a cada persona. Dios desea comunicarse directamente con usted usando maneras que solamente usted puede entender. Y también le otorgará la capacidad de comprender sus sueños. Soñar es una forma en la que Dios se conecta con usted y le permite comunicarse con Él en un nivel más profundo.

Si está buscando un libro sobre la interpretación de los sueños que le diga exactamente lo que significa cada símbolo, este ejemplar no es el indicado. La interpretación de los sueños, que puede ser una tarea demasiado complicada, se vuelve muy simple si usted escucha cómo el Espíritu Santo analiza el sueño para usted.

Más allá de todos los libros sobre la interpretación de los sueños que existen, los significados de los símbolos en los sueños son distintos para cada individuo. Los sueños son muy personales y deben ser interpretados de forma individual. Lo que significa para usted el símbolo de un sueño, lo que le hace recordar y lo que le hace sentir son aspectos misteriosos sobre la interpretación de los sueños que Dios quiere que usted mismo descubra. A veces, uno tiene que buscar más allá de lo obvio y analizar cómo aparece el símbolo en el sueño. Por ejemplo, en un sueño sobre una abeja debemos evaluar: ¿Qué hacía la abeja? ¿Dónde y cómo lo hacía? ¿Cómo me hacía sentir? Muchas veces los sueños trascienden su significado evidente. Los acontecimientos físicos en los sueños normalmente representan cuestiones espirituales, relacionales, mentales o emocionales.

Los símbolos de los sueños son una comunicación personal de Dios con usted

Supongamos que sueña que va a la casa de su vecino, toca la puerta y le da una paliza. Cuando se despierta, dice: "Hombre, ¿es necesario aferrarme a la ira? Ese no es mi comportamiento normal". ¿Qué tal si es simplemente una metáfora, al igual que una caricatura? Haberle pegado a esa persona puede significar que Dios le está marcando algún conflicto en su corazón que usted tiene contra su hermano. Lo que Él está diciendo por medio del sueño es: "Oiga, quiero que sepa que ha estado golpeando a su hermano al hablar de chismes sobre él. Ha estado apuñalándolo por la espalda. Tiene que arrepentirse". La acción y el simbolismo de los sueños hacen referencia a un problema que se exagera por alguna razón: impacientarlo lo suficientemente como para prestarle atención a sus sentimientos hacia alguna persona o circunstancia. Una vez que es consciente de ello, usted le da lugar a la sanación de Dios para calmar su corazón.

Tal vez tiene un sueño en el que su nariz crece como la de Pinocho. La interpretación está menos oculta y es más común. En esa historia infantil, a Pinocho le crece la nariz cuando miente. El significado del sueño quizás es simplemente que debe dejar de mentir. ¿Puede ver la diferencia entre los símbolos comunes de los sueños y los símbolos que tienen significado únicamente para usted? Muchas veces el Señor nos visita pero no somos conscientes de ello porque no tenemos ojos para verlo ni oídos para escucharlo.

En los sueños a veces pueden aparecer tanto imágenes comunes como símbolos bíblicos, en cuyo caso es necesario recurrir a Dios para saber cómo interpretarlos. Uno de los encuentros más grandiosos que tuve con el Señor fue un sueño metafórico por medio del cual Dios me otorgó un ascenso espiritual. Soñé que estaba en un restaurante, sentado en una mesa frente a mi hermano, comiendo lasaña. El nombre natural de mi hermano es Josué. De repente, en el sueño, él se pone de pie para marcharse. Cuando se levanta, me doy cuenta de que su billetera queda en la mesa y la mía está allí también. En el sueño pienso: "Hombre, tengo que agarrar su billetera y entregársela". Por algún motivo, me guardé las dos billeteras en el bolsillo y lo seguí. Mientras lo seguía, sentía una alegría inmensa dentro de mí y luego me desperté.

Recuerdo que al principio pensé: *"Qué sueño tan extraño"*. En ese entonces vivía en Abbotsford, B.C. y mi hermano en Knoxville, Tennessee. A medida que iba procesando el sueño, pensaba: *"¿Cuándo volveré a verlo?"* Luego me dije a mí mismo: *"Bueno, cuando lo vea supongo que tendré que asegurarme de que no pierda su billetera.* Después pensé: *"Hombre, soñé esto sólo por haber comido una pizza. Es un sueño tonto. Comí demasiado en Olive Garden la otra noche".*

Pero el sueño no me dejaba en paz. Seguía pensado en ello, era algo que me inquietaba porque mi espíritu sabía que escondía un significado. ¿Alguna vez le pasó eso de tener un sueño o una visión extraña que no lo dejaba tranquilo? Al final, transcurridas varias semanas, tuve la cordura de decir: "¿Bueno Señor, qué es esto? ¿Por qué este sueño vuelve una y otra vez?

Esto es lo que Dios me respondió: "Jerame, es un sueño metafórico. Busca la interpretación del nombre de tu hermano". Así que conseguí un libro de nombres para bebés, que contiene todos los nombres en hebreo. ¿Sabe qué es lo extraño? Josué significa Jesús. El Señor me dijo: "Ahora vuelve a interpretar tu sueño". De repente, me quedé estupefacto porque Dios empezó a hablarme. Me dijo: "Jerame, has sido fiel al cenar con el Señor. Has estado a la altura de tener una cena con él. Has pasado tiempo en su presencia. Te has nutrido de su palabra y has tenido hambre de Su Espíritu. Este es un tiempo de gracia para ti. Las billeteras representan la gracia. Es un momento de doble porción de gracia para ti, porque has estado siguiendo a Jesús". Recuerde que en el sueño agarré ambas billeteras y seguí a mi hermano. Jesús es nuestro hermano mayor. Tuve que buscar el significado metafórico del nombre de mi hermano (un símbolo muy personal) y descubrir el significado de las billeteras, no a partir de la interpretación de un libro de símbolos en los sueños sino directamente del Espíritu Santo, que se comunicó personalmente conmigo. Tenemos que recurrir al Señor antes de buscar los significados comunes y corrientes en los libros.

Se trataba un sueño metafórico y eso me dejó perplejo. Lo más extraño es que fui ordenado para el ministerio tres días después de comprender este sueño. Dios me estaba mostrando que había llegado el momento de iniciar mi camino. Fue algo realmente poderoso pero no podía andar por todos lados diciendo: "¡Jesús me visitó, es otro logro más!". Se trataba de algo personal. Dios quiere comunicarse íntimamente con nosotros. Hay momentos y períodos en los que Él desea revelarse de una forma metafórica para que únicamente nosotros podamos entenderlo, porque se trata de un mensaje para uno mismo, no para los demás.

No deberíamos compartir con los demás todos nuestros encuentros con Dios, aunque a veces lo hacemos. Lo mismo sucede entre el marido y la mujer. Si tenemos un secreto, no debemos compartirlo con alguien más. Suceden cosas íntimas y hermosas entre usted y el Señor que no deberían ser compartidas con nadie. A veces hablamos de todo lo que acontece y no entendemos que el Señor desea conservar ese encuentro como un momento especial e íntimo. Dios nos da un lenguaje a través del cual Él podrá comunicarse con nosotros. Al igual que mi esposa puede mirarme cuando estoy jugando al videojuego y sé que esa mirada quiere decir: "Ya está. Tus amigos deben irse a casa", ¡Dios puede hablar con nosotros de la misma manera!

INTERPRETANDO EL LENGUAJE PERSONAL DE SUS SUEÑOS

Una de las cosas en las que creo, que no se enseña mucho en la iglesia, es que debemos comprender el alcance de los sueños y las visiones o el ámbito de los encuentros con Dios. Pienso que los pastores saben que cuando uno comienza a hablar de estas cosas, se despierta el pánico o el miedo en algunas personas. La razón por la cual sucede esto es porque ellas piensan que el significado no está a su alcance. Uno no siempre entiende lo que Dios le comunica en una visión, un sueño o un encuentro con Él. La Biblia establece claramente que en algunas ocasiones Dios habla utilizando formas difíciles de entender. Dios busca un pueblo maduro, un pueblo que empiece a desarrollar un lenguaje de sueños, un lenguaje metafórico, una comprensión con Él. La razón por la cual sigo diciendo *metafórico* es porque esa es una de las formas principales que Dios utiliza cuando habla. De hecho, si Jesús estuviera aquí hoy día, se pusiera de pie y hablara con usted, probablemente relataría una parábola. Acto seguido, toda las personas religiosas presentes en la sala dirían: "¡¿Qué!?" y saldrían por la puerta, confundidas y alteradas por no haber comprendido lo que Él intentaba comunicar.

El Espíritu Santo es el mejor maestro. El libro 1 Juan 2:27 dice lo siguiente: *"Pero la unción que vosotros recibisteis de él permanece en vosotros y no tenéis necesidad de que nadie os enseñe; así como la unción misma os enseña todas las cosas, es verdadera y no es mentira, según ella os ha enseñado, permaneced junto a él".*

No está diciendo que no necesitamos pastores, líderes, maestros y personas que puedan enseñarnos la palabra de Dios, o incluso mentores. No se trata de eso en absoluto. Sino que lo que dice es *"permita que quien hable primero sea Dios".* Deje que el Espíritu Santo sea quien guíe su camino. Dios no pide que usted tenga la misma fe o comprensión del simbolismo de los sueños que su pastor. Él desea que usted tenga su propia fe. Dios no quiere que usted viva de los encuentros que experimentan los demás; Él quiere que usted tenga sus propios encuentros. Eso me encanta, porque Dios busca tener un trato íntimo. Él es maravilloso. Él es real. Si puede hacer cualquier cosa por mí, también lo hará para usted. Si Dios me visita en un sueño, una visión o un encuentro, también lo visitará a usted en un sueño, una visión o un encuentro. ¿Por qué? Porque Su palabra refleja que lo que hace.

¿Cómo sé si mi sueño realmente proviene de Dios?

Jesús se puso de pie en Su época y dijo: "Si no coméis de mi carne y bebéis de mi sangre, no tenéis nada que ver conmigo, ni con el reino de mi Padre". (Ver Juan 6:51-56.) A partir de ese momento, el noventa por ciento de las personas allí presentes creyó que era un lunático.

Pero hubo algunos pocos discípulos que lo escucharon decir eso y respondieron: "No entendemos lo que estás diciendo Jesús, eso fue una locura". Probablemente eso fue lo pensaron, ¿verdad?

Él sabía lo que decían y pensaban cuando los miró y les preguntó, "¿Queréis acaso iros también vosotros?"

Luego Simón Pedro le contestó y dijo: "¿A quién vamos a acudir? ¡Tú tienes palabras de vida eterna!" (Juan 6:67-68.) Conocían a Jesús por el fruto de Su ministerio, no simplemente por lo que Él predicaba. Supieron quién era porque estaban junto a Él en todo momento. Fueron testigos del fruto de Su vida, del fruto de Su amor, del fruto del poder sobrenatural de Dios que estaba siendo revelado a Su generación, a cada lugar donde Él iba.

Quiero que comprenda esto. ¿Usted sabe que la palabra "fruto" en griego no es simplemente algo que se extrae de un árbol y se come? Significa *palabras, hechos y actos*. Eso es un fruto. Por lo tanto, cuando buscamos pruebas que nos permitan saber si algo proviene de Dios, debemos preguntarnos: ¿Esas tres cosas están presentes? ¿Se revelan las palabras del Padre y el amor de Su reino? ¿Se manifiesta el acto de amor? ¿Hay alguna manifestación o algún hecho? ¿La presencia de Dios se revela de forma tangible por medio de lo que se dice o de lo que se lleva a cabo? Tenemos que ser capaces de responder esas preguntas. A medida que lo vayamos logrando, podremos empezar a elevar nuestra comprensión de las cuestiones espirituales.

Eso me encanta, porque soy un apasionado de lo sobrenatural. Algo he aprendido al leer mi Biblia. Si uno no experimenta las manifestaciones sobrenaturales que a veces no se comprenden de inmediato, no puede tener a Dios. A menudo conozco gente que dice: "No estoy seguro de que existan los dones del Espíritu". "No creo en eso de los milagros".

A lo que respondo: "¡Bueno, entonces arranque una tercera parte de su Biblia!"

"¡No creo en eso de las profecías, visiones, sueños o encuentros! "¡Pues entonces destruya otra tercera parte de su Biblia!"

Si sigue así, le va a quedar solo una pequeña parte de la Biblia. Tenemos que valorar el evangelio en su totalidad. No podemos simplemente escoger lo que nos gusta de acuerdo a nuestro propio entendimiento, o incluso en base a nuestras propias ofensas. Algunos han tenido malas experiencias con las personas excéntricas. Lo que sucede es que miden todo lo que sucede en el Reino según la experiencia negativa que tuvieron con otra persona. Luego pierden completamente todo lo que Dios tiene para ellos y para el cuerpo. Se quedan sin nada.

¿Realmente desea todo lo que Dios tiene disponible para usted?

Debe comprender algo: ¡Dios quiere darle sueños y visiones! ¿Cómo lo sé? En Hechos 2, Pedro se levanta el día de Pentecostés y empieza a profetizar sobre lo que

Dios está por hacer con la nueva entrega del bautismo en el Espíritu Santo y fuego, que estaban experimentando en ese momento. ¿Usted sabía que el bautismo en el Espíritu Santo fue bastante extraño? Los principales seguidores de Jesús estaban reunidos en el aposento superior, 120 de ellos, cuando escucharon el ruido de una intensa ráfaga de viento. Luego apareció el fuego sobre sus cabezas. ¿Qué pasaría si apareciera una bola de fuego sobre la cabeza de alguien? La mitad de la gente en la iglesia diría: "Eso proviene del diablo. ¿En qué parte de la Biblia se menciona una bola de fuego?" ¡Aparece en toda la Biblia! ¡El libro sagrado está lleno de episodios sobrenaturales! ¿Qué pasa cuando la gloria de Dios recae sobre las personas? ¡La gente se altera!

La gente acusó a los seguidores que se encontraban en el aposento superior de estar embriagados a las 9 de la mañana. Dijeron: "¡Mírenlos, están embriagados!" Pero no lo estaban. Eso fue lo que Joel profetizó. Por eso Pedro se puso de pie y describió cómo se veía este derrame. Dice: "En los últimos días Dios derramará Su Espíritu sobre toda carne. Los hijos e hijas profetizarán. Los jóvenes y los ancianos tendrán visiones y sueños". Continuó explicando que esta experiencia no estaba destinada únicamente a los seguidores especiales de Jesús. "Y también sobre mis siervos y mis siervas derramaré mi Espíritu en aquellos días". Hasta los siervos, personas aparentemente insignificantes, son importantes para el Dios Padre, como sus hijos e hijas.

¿Sabe lo que es tan asombroso sobre eso? Él dice que va a derramar su Espíritu sobre toda la carne y luego nos menciona a mí y a usted. ¡Ni siquiera aparecemos entre el primer grupo de personas que Dios menciona cuando empieza a profetizar! (Ver Hechos 2:17-19) ¿De qué se trata todo esto? Dios desea ganar almas. Él quiere llegar al mundo. ¿Sabe cómo Dios hará eso en los últimos días? Lo hará desatando sueños espirituales, visiones y encuentros. Lo hará derramando milagros, prodigios y señales arriba en los cielos y abajo aquí en la tierra.

Lo último que se menciona en esa profecía después de los sueños, visiones, profecías, milagros, señales y prodigios somos nosotros: *"y todo aquel que invocare el nombre de Jehová será salvo"*. Lo que salvará a la gente en los últimos días será la liberación tangible de sueños, visiones y el poder de Dios. Estas experiencias revelarán la evidencia tangible sobre la existencia del Reino de Dios derramado entre nosotros. Será una entrega evidente. (Ver Hechos 2:19-21.)

Ahora mi pregunta para usted es la siguiente: ¿Se da cuenta de que fuera de las cuatro paredes de su iglesia hay miles de personas que son más espirituales que algunos de los fieles? Ni siquiera conocen a Jesús pero aun así tienen ansias en sus corazones de tener encuentros sobrenaturales, quieren saber lo que significan sus sueños y se ven atraídos por las películas, libros y experiencias sobrenaturales. ¿Sabe lo que hace la iglesia? Adoptamos una actitud religiosa y decimos: "Esa es la Nueva Era, aléjese de ellos". Pero en realidad deberíamos decir: "No. Esa es nuestra herencia. No vamos a permitir que nos la roben y arruinen lo que Dios quiere hacer, porque Él está derramando señales y prodigios que son legítimos, no falsificados".

El plan de Dios para garantizar la salvación y para salvar al mundo es un plan sobrenatural. No se puede ejecutarse a través de la religión ni puede llevarse a cabo por medio de los métodos humanos. Me emociona saber que Dios quiere darnos a conocer ese plan a nosotros. Nosotros somos los elegidos, los seguidores de Cristo que estamos llenos de Su Espíritu, a quienes debe recurrir la gente para poder entender sus sueños y encuentros sobrenaturales.

Marcos 4:33-34 menciona la forma en que Jesús le hablaba a la gente de Su época. Él era una persona que se expresaba con parábolas y utilizaba metáforas. Lo hacía con una finalidad. Quiero que comprenda que cuando usted recibe un sueño o una visión que no entiende, eso es una invitación para recurrir a Dios y desarrollar una relación íntima con Él, dirigirse a Él y decir: "Señor, no entiendo esto. ¿Qué es? ¿Qué quiere decir?" Nuestro Dios es el Dios de las escondidas. Él viene, nos visita y lo hace con un propósito.

El propósito es que usted busque su rostro. ¿Cómo lo sé? Fíjese lo que se expresa en Marcos 4:33-34: *"y con muchas parábolas como estas les hablaba la palabra, conforme a lo que podían oír y sin parábolas no les hablaba"*. Cuando estaba a solas con Sus discípulos, Él les explicaba todas las cosas. Él se da a conocer durante su ministerio público y brinda una enseñanza sobre la parábola de la semilla de mostaza y todos dicen: "¡Ay, qué increíble!, ¿pero qué significa?"

Cuando sus discípulos se acercan a Él estando solos, Él les dice todo. "Bueno, esto es lo que significa. Los demás no tienen el derecho de recibir esta enseñanza porque no son hijos del Reino, pero como ustedes están aquí les diré lo quiere decir". Lo analiza al detalle. Les explica qué es la semilla de mostaza y cómo es que siendo la más pequeña de todas las semillas sembradas en la tierra, se volverá un árbol grande en donde las aves del cielo reposarán bajo su sombra. Lo que sucede es que de repente los discípulos comienzan a comprender este lenguaje metafórico del que Él estaba hablando y aún hoy en día estamos extrayendo significado de ello.

¿Qué es déjà vu?

Job 33:14-18 nos orienta sobre la forma en que le gusta hablar a Dios. Dice lo siguiente: *"Sin embargo, en una o en dos maneras habla Dios; Pero el hombre no entiende. Por sueño, en visión nocturna, cuando el sueño cae sobre los hombres, cuando se adormecen sobre el lecho. Entonces revela al oído de los hombres y les señala su consejo, para quitar al hombre de su obra y apartar del varón la soberbia. Detendrá su alma del sepulcro, y su vida de que perezca a espada".* Este texto nos muestra claramente que Dios habla a través de sueños y visiones.

Por lo general, los sueños y visiones ocurren a la noche cuando uno está durmiendo en su casa. ¿Sabe por qué creo que Dios nos habla principalmente por la noche? Porque no escuchamos durante el día, entonces Él dice: "Pues entonces esperaremos hasta que se duerma". En ese caso no le queda otra alternativa más que observar y escuchar el sueño que pasa por su mente cuando está dormido. ¡Uno no puede evitarlo! Es asombroso porque aquí dice que por la noche Dios le dará una visión o un sueño y sellará Sus instrucciones en su corazón. Podemos ser guiados por el Espíritu de Dios en un nivel mayor de lo que imaginamos. Él sella Sus instrucciones y tal vez nunca sepamos lo que realmente significan hasta que descifremos su significado. Y aun así, nuestros espíritus captan el significado que nuestras mentes no pueden entender.

¿En algún momento ha experimentado lo que se denomina

déjà vu? Es cuando pasa por una situación, visita un lugar o tiene una conversación con alguien y piensa: "Hombre, ya he estado aquí. He visto esto antes. ¿Qué está pasando?" Eso es lo que se conoce como déjà vu, aunque creo que probablemente sea una señal de que el Espíritu de Dios lo está guiando y de que se encuentra en el lugar correcto en el momento oportuno. Lo que posiblemente sucedió es que Dios le dio un sueño o visión y le mostró algo del porvenir, pero luego selló esa instrucción como si fuera una bolsa de plástico con sellado al vacío. Probablemente algunos de ustedes tuvieron un sueño y pensaron: "¡Caramba, eso fue increíble! ¿A dónde fue a parar? No recuerdo de qué se trataba". ¿No es eso frustrante? Creo que cuando uno atraviesa una de estas vivencias de déjà vu, Dios en realidad está revelando lo que ya habíamos entendido y es una señal que nos demuestra que el Espíritu nos guía más de lo que creemos.

Algunos piensan: "¡Dios, no estoy siendo guiado por el Espíritu! Pero lo cierto es que sí lo está guiando. Quizás se volvería soberbio si Jesús se le apareciera todos los días en su dormitorio. ¿Puede imaginar una conversación con su pastor en la que le diría algo como: "Pastor, Jesús me dijo…"?

"¿Qué? ¿Cómo que Él le dijo?"

"Sí. Él viene a visitarme todos los días".

Se dice que Dios sella la instrucción para proteger a nuestros corazones del orgullo. Creo que si tuviéramos una mayor comprensión, no caeríamos en la soberbia. Entenderíamos por qué Él hace ciertas cosas y ya no tendrá que ocultarlas tanto. Podríamos recibir libremente lo que viene de su Reino. Podríamos acceder sin limitaciones a la revelación.

La importancia de anotar sus sueños

¿Alguna vez se despertó por la noche en medio de un sueño tan claro que pensó: "Voy a recordarlo por la mañana"? Luego, cuando se despierta recuerda muy poco y dice: "¡Ay, qué pena! Sé que tuve un sueño importante anoche y lo acabo de olvidar".

Creo que a veces Dios nos prueba para ver qué tan diligentes somos en lo natural y lo espiritual. Muchas personas le piden a Dios que les hable pero cuando lo hace ¿realmente lo escuchan? ¡Creo que Dios bendice al buen administrador! Una de las mejores formas de administrar lo que Dios le revela es al escribirlo.

Daniel fue un hombre conocido por tener encuentros asombrosos y extraños con Dios. Se supo que sirvió a cuatro reyes diferentes durante su vida. El don que le permitió tener un éxito continuo era su habilidad para soñar y su destreza para realizar interpretaciones. Una de las cualidades que se destacan en la vida de Daniel es la disciplina espiritual. Era un hombre de oración y tomaba con seriedad lo que Dios le revelaba. Daniel 7:1 dice que Dios le dio un sueño a Daniel que éste luego escribió, relatando los hechos principales. De esa forma, pudo orar sobre el sueño y recibir una interpretación.

Para Dios es muy importante hablar con usted de forma personal. ¿Usted realmente lo escucha? ¿Se da cuenta qué tan significativo puede ser un sueño? Una de las mejores formas de recordar y comprender el significado de nuestros sueños es al anotarlos ni bien nos despertamos, para ya no olvidarnos de ellos. He tenido sueños tan largos que parecían películas. A veces, no hay forma de escribir todo el sueño. Sin embargo, si se toma el tiempo de anotar los hechos principales de sus sueños, se encontrará con una interpretación más clara sobre ellos.

Lo que sucede muchas veces es que la gente se concentra sólo en un aspecto extraño del sueño y pasa por alto la idea principal o el punto focal del sueño. Busque la idea principal o el punto focal de sus sueños. Determine si usted es un participante del sueño o sólo un espectador. ¿El sueño se trata de usted o de alguna otra persona? No se detenga en los aspectos insignificantes propios de los sueños y concéntrese en el punto central de un sueño en particular y en su significado.

Hay muchas personas que no han tenido tantos sueños pero se ven activadas simplemente al colocar un block de hojas junto a sus camas y al pedirle a Dios que les hable. A menudo los grandes avances suceden en la vida del creyente simplemente a través de la fe. Lo que hace cuando coloca el block de hojas al lado de su cama es demostrarle a Dios que usted espera que Él hable y que tomará con seriedad lo que Él revele en un sueño. Ese simple acto de fe muchas veces amplía el alcance de las visiones y de los sueños. ¡Así que simplemente coloque un block de hojas y una lapicera junto a su cama y observe lo que suceda!

AMPLIANDO EL ALCANCE DE LOS SUEÑOS Y VISIONES MÁS IMPORTANTES

Cada uno de nosotros se encuentra en situaciones diferentes respecto de este tema. Algunos de ustedes, los lectores de este libro, tienen más facilidad para ver y escuchar que otros. Sin embargo, todos podemos ampliar nuestras experiencias. La Biblia dice que Dios derramará su Espíritu sobre toda carne, salvos e inconversos. (Ver Hechos 2:17-19.) El conocimiento sobre Dios tiene diferentes niveles pero cuando entendemos lo que Él nos muestra, terminamos recibiendo más y más. La fe abre las puertas hacia la revelación.

Un gran ejemplo de esto aparece en los Números 12, donde Moisés, Miriam y Aarón recibieron la visitación de Dios. Moisés fue un grandioso hombre de Dios, cuya vida estuvo acompañada por un sinfín de prodigios y señales. Sus hermanos, Aarón y Miriam, comienzan a hablar a sus espaldas. Dicen: "No sé quién se cree que es Moisés". De hecho, les molesta la persona con la que Moisés se casó y tienen celos de su ministerio. Dicen: "Tenemos visiones.

Tenemos sueños. Entonces también somos profetas". ¿Sabe lo que pasa después? Dios en persona desciende del cielo.

¡Eso sí es algo importante!

Cuando usted es amigo de Dios, ni siquiera tiene que defenderse. Moisés no sabía lo que estaba sucediendo. Su hermano y su hermana estaban chismeando en la esquina cuando Dios hace su aparición y convoca una reunión. Él dice: "Quiero que Moisés, Aarón y Miriam salgan ahora mismo". Un buen padre disciplina a los que ama. Lo asombroso es lo que Dios les dice a estas tres personas. Moisés ni siquiera sabe que lo están injuriando a sus espaldas. He aquí una lección para nosotros. Él dice: *"Oíd ahora mis palabras. Cuando haya entre vosotros un profeta de Jehová, me le apareceré en visiones, en sueños le hablaré. No será así con mi siervo Moisés, que es fiel en toda mi casa. Cara a cara hablaré con él, y claramente, y no por figuras; y verá la apariencia de Jehová. ¿Por qué, pues, no tuvisteis temor de hablar contra mi siervo Moisés? (Ver Núm. 12:8)*

El precio de la claridad

En esta sección de las Sagradas Escrituras, Dios se hace presente y les dice a Aarón y Miriam: "¿No reconocen el fruto que existe en la vida de Moisés?" El fruto de su vida incluye el resultado de sus actos, acciones y la manifestación de la gloria de Dios. Él dice: "Tal vez tengan un sueño o una visión o incluso puedo hablarles con palabras ocultas, pero ese no es el caso de Moisés. Hablo con él cara a cara, como un hombre habla con sus amigos".

Creo que hay un nivel de amistad con Dios que podemos

desarrollar para tener encuentros cara a cara con Él. Eso es lo que yo quiero. Más que tener la capacidad de resucitar a los muertos, quiero ver a Dios cara a cara. Más que cualquier cosa en este mundo, lo que deseo es ver a Jesús cara a cara. Quiero experimentar a Dios de forma tal que pueda pasar de un sueño o una visión a tener un encuentro con Él.

Una sola vez en la vida tuve un encuentro con Jesús cara a cara que me dejó perplejo, pero quiero más experiencias de ese tipo. Moisés pudo experimentar a Dios de esa forma, aún bajo el pacto del antiguo testamento que no está ni cerca de lo que actualmente está disponible para nosotros, porque tenía una fascinación y un temor reverencial hacia Dios y logró desarrollar una amistad con Él. Pero nosotros tenemos un pacto superior. No es necesario sacrificar la sangre de becerros y cabras. Tenemos a Jesucristo que se levantó de entre los muertos y abrió paso para que usted y yo tuviéramos esa misma clase de intimidad.

Uno de mis mentores espirituales, Bobby Connor, ha tenido muchas visitaciones de Jesús. Jesús lo visita y le entrega palabras fabulosas, es realmente increíble. Lo notable es que Bobby ha perseverado durante cuarenta años y pudo desarrollar una amistad con Dios. Este hombre conoce la palabra y la presencia de Dios como ninguna otra persona que jamás haya conocido. Es por eso que Dios tiene un fundamento para hacerse presente: allí hay humildad. Creo que cuanto más hambre tengamos de la palabra de Dios y de Su Espíritu (y estos dos aspectos trabajan juntos), más de recibiremos de Él.

Dios desea darle la oportunidad de encontrarse cara a cara con Él. Quiere llevarlo a un lugar en donde pueda producirse el encuentro. Pero en el camino, tal vez existan otras formas a través de las cuales Dios desee expresarse para que usted se acostumbre a Su presencia, a Sus formas y al lenguaje personal con el cual Él le habla únicamente a usted.

Dice aquí que si hay un profeta de Dios en medio de ustedes, Él le habla a través de visiones, sueños, palabras o refranes ocultos. No todas las personas son profetas. Pero Hechos 2 dice que el Espíritu de Dios presente en un profeta será derramado sobre una generación entera. Somos una generación profética.

Los antiguos profetas experimentaron sueños y visitaciones, y encontraron a Dios de formas insólitas. Hoy día, la gente también tiene encuentros con Dios y experimenta sueños y visiones. Eso no los convierte en profetas. Hay una diferencia entre el oficio del don profético y quienes simplemente poseen la unción profética. Las personas que dicen "Yo soy profeta" no me dejan otra opción que plantearles algunas preguntas, como por ejemplo: "¿Tiene influencias? Si usted posee el oficio del don profético, la mayoría de las veces eso viene acompañado de una plataforma. No es que tiene que salir a golpear puertas para ser la persona profética que profetiza, sino que se le facilita una plataforma debido a su influencia. Los antiguos profetas hablaron la palabra de Dios ante reyes, gobernantes, y magistrados. También existe la gracia para despertar el aspecto profético en los demás. Así es como se ve el don del oficio. Luego están personas proféticas. He conocido personas que son más proféticas que muchos profetas porque tienen una intimidad con Dios y han desarrollado la capacidad de verlo, escucharlo y conocerlo más. Todos somos simplemente recipientes convocados para proveer a los santos en la realización del trabajo del ministerio y tenemos la capacidad de transmitir la palabra de Dios a la gente. Nuestra generación hoy día tiene un total acceso a todo lo que cualquier profeta pudiera levantarse y desatar.

Dios desea que comencemos a madurar, que pasemos de recibir sueños y visiones a tener más influencia sobre los demás. Si Dios nos habla a través de sueños, visiones y palabras ocultas, entonces debemos empezar a comprender las interpretaciones de los refranes ocultos o del lenguaje metafórico. Si entendemos el lenguaje metafórico, podremos tomar un refrán oculto y, mientras leemos la palabra de Dios, el Espíritu Santo nos facilitará la interpretación de los símbolos y metáforas.

Hay una gran diferencia entre los sueños y las visiones. Las visiones son literales. Cuando uno tiene una visión, por lo general el análisis es bastante sencillo. "Tuve una visión en la que predicaba en una campaña frente a miles de personas. Prediqué y las personas alcanzaron la salvación. Eso es todo". Es bastante simple, ¿no le parece? Usted observa lo ocurrido y dice: "Está bien, tiene sentido". Luego están los sueños. Los sueños son metafóricos, no literales, por eso son más difíciles de entender. Digamos que usted sueña con un campo de cosecha. De repente se encuentra en una cosechadora juntando esa gran cosecha. Luego el paisaje cambia y lo único que sabe es que se encuentra en una plataforma grande y que hay gente por todos lados. La escena cambia nuevamente y usted tiene veinte años más en esta experiencia. Y finalmente el sueño termina". ¿Sabía que tanto el sueño como la visión representan lo mismo, pero uno es metafórico y el otro no?

El campo de cosecha representa las almas, las personas que entran al Reino. La cosechadora representa el llamado a ser evangelista, subirse a una plataforma en las naciones y ver la venida del Reino. El sueño contiene imágenes distintas pero tiene el mismo significado que la visión.

Hay una razón por la cual Dios elige enviar un sueño en lugar de una visión. Yo lo describiría de la siguiente manera: es el factor de "pagar el precio de la claridad". Los sueños y las visiones a veces vienen acompañados por la guerra espiritual. La mayoría de las veces, preferiría que Dios me hablara en un sueño en vez de una visión cuando se trata de revelaciones mayores. En el ámbito espiritual coexistente, hay momentos en que el enemigo puede ver lo que Dios le enseña. Si usted tiene la visión de una campaña evangelista en la que está predicando y hay miles de personas presentes, lo que a veces sucede es que el infierno entero se vuelve contra ese sueño porque el diablo dice: "Bien, ya sabemos quién es él. Tiene el llamado a ser el próximo Reinhard Bonnke. Agárrenlo". Pero si el diablo observa un sueño, ve imágenes pocas claras y dice: "No sé ni siquiera lo que eso quiere decir. Campos de cosecha, una cosechadora ¿este hombre va a ser un granjero?"

Luego cuando uno está a solas con Dios, Él dice con su voz apacible: "Hijo, estás llamado a la cosecha. Tu llamado consiste en tener una plataforma para predicar ante millones de personas. Tu misión es traer almas al Reino". ¿Entonces qué sucede? ¡Usted recibe la visión del llamado de Dios sin tener que pasar por la guerra espiritual!

Adquiriendo confianza en las maneras que Dios habla

Tenemos que comprender la totalidad del alcance de lo sobrenatural porque a medida que lo entendemos, éste se vuelve más natural. Quiero hablar de diferentes cosas en lo que respecta al alcance total del lenguaje de sueños y visiones. Una noche mientras estaba terminando de predicar ante un grupo de adultos jóvenes para pasar al tiempo de activación, muchas personas empezaron a experimentar visiones. Estaban teniendo encuentros con Dios pero no sabían lo que significaban. Algunos pensaban que simplemente estaban soñando despiertos. ¿Sabía que incluso los estados de ensoñación pueden provenir de Dios? Usted simplemente se sienta, sueña despierto con el Espíritu Santo y finalmente se da cuenta de que el sueño fue una visión acerca de lo que Dios quería que usted viera o pasara a ser.

He tenido experiencias con Dios en las que estoy sentado, soñando despierto y de repente digo: "¡Caray! Dios me acaba de mostrar la temática que Él desea para mi próximo libro. Voy a anotarlo para recordarlo". Sigo escribiendo sobre eso y ¿adivine qué? ¡Todo fluye fácilmente y recibo una enorme descarga celestial! Descartamos lo que proviene de Dios cuando decimos cosas como: "Oh, pues, estoy soñando nada más". Sí, usted es un soñador. ¡Sueñe!

Lo peor que podemos decirle a alguien que comenta: "Veo esto y aquello" es *"estás loco"*. Muchos padres hacen eso porque no ven nada y minimizan la importancia de lo que sus hijos divisan, llamándolos locos o descartando sus visiones como si se trataran de ensueños. Necesitamos administrar lo profético. Los niños pequeños pueden tener mejores visiones que los adultos porque poseen una pureza tal que les permite experimentar las cuestiones espirituales con mayor claridad.

Un niño de tres años se me acercó en Nashville, Tennessee, donde oficié como ministro recientemente. Estaba sentado en la plataforma al final de la reunión, se lanzó hacia mí, se sentó sobre mi falda y dijo: "Vine aquí porque así Jesús así lo quiso".

Le contesté: "Pues, bárbaro".

Él dijo: "De hecho, Él está orando por usted ahora mismo". La presencia de Dios empezó a derramarse sobre mí mientras el niño hablaba conmigo, que continuó diciendo: "Él quiere estar con usted". ¡Y luego se fue corriendo! Puso sus manos sobre mí y oró mientras me hablaba y desataba el poder de Dios. ¡Eso es realmente poderoso!

Dios desea que tengamos esos tipos de experiencias en las cuales tenemos la misma fe que un niño para escuchar y obedecer sus indicaciones sin titubear. Amigos, puede ser así de sencillo. Lo pasamos por alto porque tenemos dudas sobre nosotros mismos y pensamos que no es la voz de Dios la que estamos escuchando, entonces retrocedemos a causa del miedo en vez de dar un paso de fe.

En la mayoría de las ocasiones los sueños funcionan de esta manera. Son como caricaturas que se dibujan sobre nosotros mismos, que a veces nos hacen lucir tontos. Recuerdo que cuando era niño mis padres me llevaron a Las Vegas. Fuimos al hotel Circus Circus y un hombre dibujó una caricatura mía que odié. Mi mamá la puso en un marco y la colgó en la pared cuando llegamos a casa. Odiaba esa imagen porque tenía las mejillas más rojas que pueda imaginarse. El artista además me dibujó labios enormes. En aquel entonces era bien flaco, como un palo, y llevaba puesta una gorra de béisbol. Como la mayoría de los niños de 10 años, me ofendí mucho. A mi mamá le encantaba. Así son los sueños y encuentros con Dios algunas veces, más aún si exageran una problemática o una parte de su vida. No estoy diciendo que los odie, sino que son la exageración de una problemática. Exageran mis labios enormes o mis mejillas rosadas. A veces Dios nos da sueños realmente extraños, algo así como refranes ocultos.

_____

_____

_____

_____

_____

_____

_____

_____

_____

_____

_____

TIPOS DE SUEÑOS

Hay muchos tipos de sueños diferentes que todo el mundo tiene. De hecho, son demasiados como para hacer una lista, así que he identificado siete tipos de sueños específicos que la mayoría de las personas experimenta. Estos incluyen sueños de llamados, sueños de descargas, sueños de intercesiones, sueños de advertencias, sueños de revelaciones, sueños de palabras conocimiento y sueños de atalayas.

Sueños de llamados

Dios quiere revelarle el llamado que tiene para usted. Quiere mostrarle su destino. ¿Alguna vez tuvo un sueño en el que hablaba en público? Eso es un sueño de llamado. Dios le da una visión sobre lo que usted tiene que hacer, en el lenguaje metafórico del sueño. Muchas veces estos sueños se repiten una y otra vez. ¿Por qué? La palabra del Señor se establece de la boca de dos o tres testigos. Cuando sigue repitiéndose es porque hay algo que el Señor está tratando de comunicarle.

Con frecuencia me encuentro con personas que dicen cosas como: "¡Acabo de soñar con que tengo la misión de producir música!" o "¡Tengo el llamado a predicar!"

Entonces tengo la extraña sensación de que están malinterpretando lo que están escuchando o viendo y respondo: "No, no estás llamado a eso".

"Sí, pero eso es lo que quiero hacer".

No se trata de lo que nosotros queremos. Se trata de lo que Él quiere.

Pero cuando ellos dicen: "Sigo teniendo esos sueños en los que tengo que estar predicando".

Creo que esa repetición quiere decir que Dios está tratando de confirmar su llamado y respondo: "¡Pues tal vez tiene que estar predicando!"

Me iba a dedicar al béisbol profesionalmente. Jugué durante la secundaria, la facultad y la universidad y hasta me ofrecieron un contrato profesional. Recuerdo una noche en la que Dios me deshizo. Yo era un joven cristiano. Fui salvo durante el tercer año de la universidad mientras jugaba al béisbol. En ese momento pensé: "¡Voy a jugar al béisbol para Dios!" De esa forma voy a glorificarlo. Ganaré millones de dólares y financiaré misiones para los pobres". Lo decía en serio, sin motivos ulteriores, quería darles de comer a los pobres. Quería fundar viviendas. Tenía todo este sueño sobre lo que podría lograr con el dinero.

Una noche, Dios me dio un sueño. En ese sueño estoy en un cuarto, que reconozco como mi dormitorio. John Paul

Jackson, un profeta contemporáneo, se me acerca. Es realmente extraño porque desde mi cuarto hay una especie de campo de electricidad y puedo ver la ciudad donde vivía. Tengo una pistola, estoy en un sembrado y tiroteo a los demonios que estallan haciendo mucho ruido. De repente, John Paul Jackson camina hacia ese lado, se dispone a golpear mi campo de electricidad y me quedo como diciendo: "¡No!". Trato de disparar y no sucede nada. Me sonríe, golpea el campo de electricidad y lo hace caer. Luego empiezo a huir de él. Fue como una película de terror. Mientras más rápido corría, más se me acercaba. Estaba a punto de alcanzarme. Mi dormitorio era enorme y al final llego a ese lugar y comienzo a arrojarle objetos a John Paul. De repente, Jesús aparece en la cama. Está sentado allí, riéndose de mí.

Me desperté y pensé: "¡Qué sueño extraño!" En ese momento, Dios me habla y dice: "Jerame, quiero que sepas algo. La vida que estás viviendo se ha vuelto cómoda para ti. Quieres jugar al béisbol para mí y eso te resulta cómodo".

En ese entonces, en el mundo natural estaba haciendo mucho evangelismo en la calle. Oraba por cualquier cosa o persona que se me acercara que necesitara un milagro. Ya sea que se sanaran o no, iban a recibir una oración. Sentía como si tuviera este campo de electricidad alrededor mío mientras oraba y les disparaba a todos los demonios quitándolos de mi camino, y gracias a eso la gente se sanaba y encontraba la salvación. Mi ministerio en ese entonces era el béisbol y mi prédica en las calles. Cuando el Señor dijo: "Jerame, tu zona de confort es jugar al béisbol y ministrar en las calles", agregó algunas palabras que me sacudieron y me sacaron de mi zona de confort. Él dijo: "Pero tengo un llamado más importante para tu vida. Te he llamado a ser profeta de las naciones, como John Paul Jackson, ¡pero le estás huyendo a tu llamado!"

Dios estaba destrozando mi zona de confort a través de un sueño. Él siguió dándome instrucciones: "De aquí en adelante quiero que dejes el béisbol".

Se imaginará que dejar algo así, por lo que uno se esmeró tanto durante mucho tiempo, no es tan fácil si uno nace para eso. Tenía once años cuando mis padres me inscribieron en una liga juvenil de béisbol. Toda mi vida miré béisbol y estudié el deporte. Y la ciudad donde crecí fue el sitio donde se llevó a cabo la Junior College World Series. El béisbol era mi pasión y Dios me estaba diciendo: "Quiero que lo dejes, porque estás llamado a predicar". ¡Ni siquiera me gustaba hablar!

Balbuceé: "Dios, ¿hablas en serio?" Pero eso sueño me dio la fe para hacerlo realidad.

Finalmente dejé el béisbol y viajé por todos lados con distintos ministerios, hice pasantías y ahora trabajo tiempo completo en el ministerio. Ya hace más de una década que fui salvado, visité 37 naciones y fui testigo de cómo miles y miles de personas aceptan a Cristo. Estoy muy contento de que Dios me haya hablado tan claramente. Algunos de ustedes ya están empezando a comprender. Están como diciendo: "Caray, tal vez no soy tan raro. Quizás Dios sí me habla".

Los sueños pueden desencadenar la fe para hacernos cambiar de dirección y encaminarnos hacia el llamado que Dios nos tiene deparado.

Sueños de intercesiones

¿Alguna vez tuvo un sueño acerca de algo negativo sobre un líder o sobre un compañero? Muchas veces, las visiones o los sueños nos advierten que necesitamos orar. El creyente maduro recurriría a Dios y diría: "¿Señor, de qué se trata todo esto? ¿Me entrega esto para que ore o para que los comparta con ellos? Debemos disponer de la sabiduría de Dios para saber cómo manejar las cosas. A menudo, no logramos entender lo Dios está haciendo. Puedo soñar con Johnny sobre su lucha con el alcoholismo, algo que sé porque lo vi en mi sueño. ¿Sabe qué? Lo más probable es que Dios me dio ese sueño para poder orar y hacer que lo supere. Pero nos agrada sentirnos poderosos e importantes. Nos gusta tener voz, así que nos dirigimos a Johnny y le decimos: "Oiga, hombre, Dios me ha mostrado lo que ha estado haciendo. Tiene que arrepentirse". Y Johnny dice: "¡ah!" Ahora entra en pánico, porque ya sabía que tenía ese problema. De repente, en vez de ayudarlo, representamos erróneamente el amor del Padre y lo herimos. Acto seguido él dice: "¡Bárbaro! Sé que lidio con este pecado. Y ellos lo saben porque Dios se los dijo, entonces Él no me ama de verdad".

Pero en cambio usted debería decirle: "Oye, hombre, siento que vas a ser un ejemplo de pureza. Darás el ejemplo de una vida llena del fuego de Dios. Siento que hay una unción sobre ti para romper las cadenas de adicciones. Dios te va a usar como ejemplo de lo que es caminar en libertad". Le expresa estas palabras proféticas y la próxima vez que tiene un ataque demoníaco de alcoholismo, le dice: "¡No! ¡La palabra de Dios es esta!" para que pueda superarlo. Así ese problema se destruye y se desprende de su vida. Se trata de un sueño de intercesión para que usted ore por esa persona y pida que Dios le extirpe ese problema de su vida. También, la mayoría de las veces esos sueños surgen para que usted profetice lo contrario con amor, lo que brinda una salida. Eso es lo que se haría con madurez. Otra buena idea sería contarle el sueño a un mentor, padre espiritual o incluso a su pastor y comunicarle lo que ese sueño o visión significa para usted. Luego puede recibir retroalimentación de ellos y ver si sienten lo mismo. ¡Así se suma otra persona para ayudar a elevar a la víctima a través la oración! La Biblia dice que en una multitud de consejeros hay sabiduría. (Proverbios 24:6).

Sueños de advertencias

A veces Dios nos da sueños de advertencias para resguardarnos del mal o protegernos de los planes del diablo. Mateo 2:12 nos dice que José, el padre de Jesús, fue advertido por Dios a través de un sueño que su familia no debería volver a la tierra de Herodes, sino que debería irse a otra nación. ¡El resultado fue que la vida de Jesús fue protegida! ¿Qué habría pasado si José no le hubiera hecho caso a esa advertencia? Jesús habría sido asesinado junto a todos los demás niños mayores de dos años que el ejército de Herodes sacrificó en Belén. Escuchar al Señor cuando habla tiene su recompensa. ¡Uno nunca sabe qué bendición nos espera detrás de la puerta de obediencia!

Sueños de descargas

¿Quién tuvo alguna vez un sueño relacionado con el baño? Estos son divertidos. Usted sueña que está yendo al baño. Es un sueño de descarga. Muchas veces es Dios que descarga algo no que debería estar allí. Estamos en el mundo pero no pertenecemos al mundo. A veces cuando usted está en el mundo puede mancharse un poco. ¿Qué quiere decir eso? ¿Qué sucede por ejemplo cuando usted va al trabajo y es el único salvo, mientras que a las otras quince personas no les importa que lo sea? Lo único que hacen es escuchar música asquerosa y conversar sobre toda clase de cosas que usted odia. Se acercan a usted todo el tiempo y le dicen disparates. ¿Hay alguien que se identifica con eso? Luego usted sueña que va al baño. Quizás Dios está descargando eso para que no se arraigue en usted y no lo afecte. Es algo sobrenatural, ¿verdad?

A veces tenemos esos sueños extraños como los que mencioné anteriormente. Pasa tiempo con alguien que siempre está enojado y luego sueña que es usted quien se enfada. Tal vez Dios lo está liberando de eso con una descarga. Es como si se liberaran sus emociones y todas las situaciones que le toca atravesar.

Sueños de revelaciones

Dios desea darnos revelaciones. Todos deseamos que Dios muestre o revele cosas sobre su vida, el porvenir o lo que está sucediendo. He tenido algunos sueños proféticos muy graciosos. Recuerdo una vez que soñé con Heidi Baker, una misionera apostólica muy conocida. En el sueño, era mesera en un restaurante. Se me acerca y dice: "¿Qué desea comer?" mientras toma mi pedido.

En el sueño me digo: "Esto es extraño. Heidi Baker es mi

mesera". Pienso: "No quiero comida. Quiero que repose sus manos sobre mí y me imparta su unción". Fue graciosísimo.

Entonces le digo: "¿Sabe qué? Quiero un bife".

"Bueno, un bife. ¿Cómo lo quiere cocido?

"Jugoso".

"Bien, jugoso. Ya se lo traigo".

Justo en ese momento suena mi teléfono celular. Lo levanto y salgo afuera para hablar. No fue una buena conversación. Estaba hablando de porquerías. Luego vuelvo a entrar. Me siento y mientras espero, pienso: "¿Dónde está mi bife?"

De repente no puedo encontrar a Heidi, así que le pregunto a otra mesera por mi bife y ella dice: "Ay, lo siento. Acabamos de servir el último".

"Bueno, pero tengo hambre".

"No se preocupe, el chef le traerá algo". El chef sale como si llevara el plato más magnífico del mundo. Es una gran fuente plateada. De allí saca una lata de atún y lo tira al plato. En el sueño se ve como si fuera comida de perros. Es asqueroso y repugnante. En eso me despierto.

De inmediato, me pongo a pensar: "¿De qué se trató todo eso?"

En ese momento el Señor me habla y me dice: "Jerame, es mi voluntad que cada uno de mis hijos e hijas tenga carne fresca o una nueva revelación todos los días de su vida. El problema es que están demasiados ensimismados en su propio mundo. Están tan atrapados en las cosas mundanas que no registran mi presencia cuando los visito y tienen que conformarse con la revelación de otros hombres o mujeres, lo que es como alimento enlatado. Es porque no quieren perder tiempo buscando mi rostro. Solamente se concentran en lo que quieren hacer".

En aquel entonces, no estaba leyendo la palabra. Iba de conferencia en conferencia. Tenía hambre de Dios pero no estaba haciéndome un tiempo para Él y para mí. Lo que el Señor estaba diciendo era: "No es suficiente que lo recibas allí y que te impongan las manos, aunque eso es bueno. Tú mismo tienes que desarrollar una intimidad y una relación conmigo".

Ese fue un momento que cambió todo para mí, porque cuando escuché esas palabras y busqué a Dios con todas mis fuerzas en ellas, se desarrolló lo que estoy transitando y viviendo hoy en día.

Dios desea visitarnos individual y personalmente.

Sí alguien tiene que reprenderlo, usted prefiere que sea Dios quien lo haga y no que Él le hable a un padre o madre espiritual para que se acerque y le diga: "¿Oye, qué sucede?" La Biblia dice que es mejor caer sobre la roca antes de que la roca caiga sobre nosotros y nos desmenuce. Si comete un pecado secreto, tarde o temprano, se va a revelar. Sería mejor que no pase vergüenza. Es como lo expresa Jessie Duplantis: "Es mejor avergonzar al pecado, antes que el pecado lo avergüence a usted".

Sueños de palabras de conocimiento

Dios brinda palabras de conocimiento en los sueños. Él puede darle una palabra de conocimiento para sanarlo y otra más específica para que prospere su negocio. Una vez, tuve un sueño en el que estaba predicando en una iglesia grande con 2,000 personas. Vi a un ministro muy reconocido, con quien yo había ministrado, pero lo curioso era que no estaba sentado en la primera fila. Por lo general, los ministros de gran renombre están en la primera fila porque las personas le están honrando. Pero él estaba sentado casi cinco filas atrás.

En ese sueño, estoy delante de una iglesia enorme, encabezada por un de los líderes más importantes de los Estados Unidos y le digo: "Tráigame a los sordos ahora. Dios va a sanarlos". Todas las personas sordas pasan al frente y comenzamos a orar por ellos. Uno por uno, empiezan a ser sanados. Era un poco extraño porque en ese entonces yo iba a iglesias con una concurrencia de aproximadamente cuarenta personas. No tenía una plataforma como la que el sueño reveló.

Cuando habían transcurrido algunos años desde aquel sueño, recibo una invitación para ministrar en esa iglesia. Me quedé como diciendo: "Hombre, que bárbaro. Tuve un sueño sobre eso". Voy a la iglesia y el Señor me hace recordar el sueño y me dice: "Observa la quinta fila". Cuando llego aquella noche, estaba el líder que apareció en mi sueño sentado en la quinta fila. Todo lo que hice fue seguir lo que el sueño había señalado. Le dije: "¡Tráigame a los sordos!" Había cinco o seis personas sordas aquella noche que fueron sanadas en su totalidad. Una persona nació sorda y otra no tenía tímpano. El tímpano de esta última pudo regenerarse. Fue una palabra de conocimiento o una instrucción sobre lo que tenía que hacer.

Algunos de nosotros clamamos todo el tiempo, sin embargo, cuando Dios nos da la respuesta, no lo escuchamos. Él nos da algo y a veces no nos gusta la respuesta. En una ocasión me encontraba con Bobby Conner, quien normalmente me contaba historias. Nos sentábamos a almorzar y me decía: "Jerame, pasó esto y aquello". Me hablaba de señales, prodigios y de los cielos. Recuerdo que le dije a Dios: "¡Quiero esa unción! ¿Cómo puedo obtenerla? Y tuve el siguiente sueño:

En el sueño estoy caminando, me acerco a Bobby y le doy dinero. Un ángel apareció y se unió a mí. Me desperté, un poco ofendido y me puse a pensar: "¿Qué, quieres que pague para recibir la unción? Pero el sueño no se trataba de eso.

De hecho, Dios contestó: "Jerame, ¿quieres esa unción? Siembra mil dólares en su ministerio ahora mismo".

¿Sabe lo que dijo mi carne? "¡Dios, no tengo mil dólares para regalarle a Bobby! ¡Tengo sólo $1,200 y se vence el alquiler la semana entrante!"

Dios dijo: "Te di la palabra de conocimiento y voy a activarla".

Entonces dije: "Bueno. Por fe, voy a seguir este sueño". Sembré $1,000 en el ministerio de Bobby. Poco tiempo después, fui a una ciudad para predicar y alguien me regaló justo esa cantidad de dinero. Si usted siembra, va a cosechar.

Lo más asombroso fue que tuve otro sueño. En este sueño, escucho al Espíritu del Señor cantar una canción que dice:

"Estoy derramando una doble porción de Elías sobre esta tierra, pureza e intimidad con Dios. Que se derrame el fuego".

Luego digo: "Bueno, está bien. Ya sé acerca de qué voy a predicar hoy: Elías". Así que fui y lo prediqué. Eso fue en Stony Point, Alberta.

Al final de la reunión el Señor me dice: "No quiero que ores para que los enfermos sean sanados. No ores por nada. Nada más entona la canción que oíste en el Espíritu. Cántala como la cantamos anoche".

Así que canté la canción que oí sobre el espíritu y poder de Elías y sobre el fuego derramándose, y Dios dijo: "Ahora proclama un decreto donde se exprese que los profetas de Baal en la región serán incendiados. Así que eso hice. Media hora después de ese mensaje y decreto, salimos a comer y escuchamos el siguiente reporte.

La gente se acercó a nosotros y dijo: "No van a creer lo que pasó. Hay un hotel en esta región del que se apoderaron proxenetas, prostitutas y narcotraficantes. De alguna forma se prendió fuego. El departamento de bomberos llegó al lugar e intentó apagar el incendio, pero no fue posible. Aunque se vertió toda el agua, no lograron extinguir el fuego. El hotel se quemó íntegramente pero no murió ni una sola persona.

Dios confirmó Su palabra con lo que Él hizo en el mundo natural. Declaramos algo en el Espíritu y hubo una demonstración y una señal en lo natural. Él destruyó la potestad de lujuria y perversión en esa ciudad. Lo más extraño es que eso se produjo una semana después de que tuve el sueño de sembrar en el ministerio de Bobby. Esa fue justamente la unción que le había pedido a Dios y la vi manifestarse a semana siguiente.

Tal vez da escalofríos pero esta clase de cosas aparece en la Biblia.

Existen muchas historias donde Dios derrumba potestades del enemigo a través de actos proféticos de obediencia a Su palabra. En Josué 6:1-21 dieron siete vueltas alrededor de Jericó, tocaron algunos shofares y las murallas cayeron. Me resulta curioso que la gente no entienda que Dios todavía se actúa hoy en día como hacía en la Biblia. ¿Qué persona cuerda enviaría algunos trompetistas para darle batalla a los guerreros más sangrientos del mundo? Sólo Dios lo haría. ¿Por qué? Porque no es usted quien lucha, sino que es Él. Cuando usted está débil, Él es fuerte.

Sueños de atalayas

Cuanto más abierto esté a experimentar los sueños y visiones, mayores son las probabilidades de vivenciarlos. Muchos lectores de este libro, en ciertas ocasiones tendrán sueños relacionados con su región o su ciudad. Estos son sueños de atalayas. Dios desea derramar la unción de atalaya sobre toda persona dispuesta a recibirla. ¿Quiere saber qué hacen los atalayas? Son quienes velan por las cosas y oran. Tenemos autoridad en el cuerpo de Cristo. Tenemos autoridad para mirar y ver lo que Dios está haciendo, escuchar y oír lo que Él dice, y luego llevarlo a cabo. (Ver Isaías 21:6)

Tal vez vea cosas alucinantes. Pero no se enloquezca. Una

vez estaba ministrando en una ciudad y fue la reunión más difícil que tuve. La primera noche di diez palabras de conocimiento y nadie se sanó. Fue muy frustrante porque estaba acostumbrado a ver el poder de Dios derramándose para sanar. Esa noche fui a dormir y soñé con un gorila enorme que se acercó a mí y me golpeó. Era como una escena de una película. Volé 30 pies por el aire, pegué contra la pared de atrás y fui deslizándome hacia abajo. Dije: "Esto no va a quedar así. ¡En el nombre de Jesús! Corrí hacia el gorila y golpeé a la enorme bestia. Luego me subí al ascensor, que fue del 2° piso al 3° piso. Cuando salía del ascensor, me desperté.

El Señor me habló y dijo: "Jerame, en tu sueño anoche yo estaba lidiando con la potestad en esta ciudad". Él me indicó que declarara que el miedo y el control se quebrarían antes de que yo comenzara a ministrar.

Como puede ver, ese gorila fue un símbolo del miedo y el control. No dije: "Eso es extraño" ni "eso me da miedo". Le pregunté a Dios qué debería hacer con ello, proclamé un decreto y todo comenzó a romperse. Esa noche, hubo más milagros manifestados de sanación que en cualquier reunión de ese año. La victoria fue poderosa.

Interpretación de los sueños

Hay muchísimas herramientas excelentes para comprender las visiones y los sueños pero para comenzar, debe recurrir a lo sencillo y obtener los aspectos básicos de la interpretación de los sueños. A medida que avanza, pídale constantemente al Espíritu Santo Su interpretación. Escuchar a Dios interpretando los símbolos específicos para usted es la única manera de comprender por completo la forma en que Él se comunica personal y únicamente con usted. Soy un gran promotor del Streams Ministry, fundado por el profeta John Paul Jackson. John Paul es un hombre de Dios que ha pagado un precio. Ha estudiado la palabra de Dios durante muchos años y desarrolló una tarjeta de oración/interpretación de sueños que tiene algunos colores con un par de símbolos y los significados de los números que aparecen en la Biblia. Es simplemente una tarjeta. No es muy grande. La usé cuando hice su curso y me di cuenta que fue lo más valioso que recibí. A través de ella desarrollé mi propio lenguaje de sueños con Dios.

Hay libros que aseveran tener 447 símbolos u otras interpretaciones del lenguaje metafórico. Olvídese de eso. Necesita algo sencillo. Podrá comenzar con esa tarjeta simple que le brinda los conocimientos básicos, como por ejemplo que el blanco significa pureza, que un caballo representa el poder y que una espada representa la palabra. Aprendí de memoria todo lo que estaba allí. Pero en vez de simplemente dejar que esta tarjeta fuera mi intérprete, también dije: "Espíritu Santo, estoy memorizando esto para mostrarte que estoy cultivando mi relación contigo. Háblame a través de las cosas que aparecen en esta tarjeta".

De repente, tuve un sueño. Estaba cabalgando sobre un caballo blanco con una espada en mi mano. Me desperté y mi reacción fue como: "Caray, el blanco significa pureza, el caballo poder y la espada la palabra de Dios. Tengo el llamado a ser ministro de la pureza en la palabra que desata el poder de Dios. Esas tarjetas de sueños fueron muy sencillas y nunca busqué otra herramienta. No me hizo falta, porque no necesitaba libros para interpretar las cosas. Se trataba de desarrollar un lenguaje de sueños con Dios para que Él me hablara y yo supiera exactamente lo que me quiere decir. Les recomiendo a los lectores que obtengan esas tarjetas. (Ir a http://www.streamsministries.com para obtener las tarjetas). Digo esto porque sé que John Paul es un hombre de carácter y sabiduría, que ha investigado mucho para ofrecerle esa tarjeta que le servirá para iniciarse. Quería mencionar eso, porque las personas se ven tentadas a ser haraganas y a comprar libros que les sirvan como intérpretes. El Espíritu Santo es su intérprete.

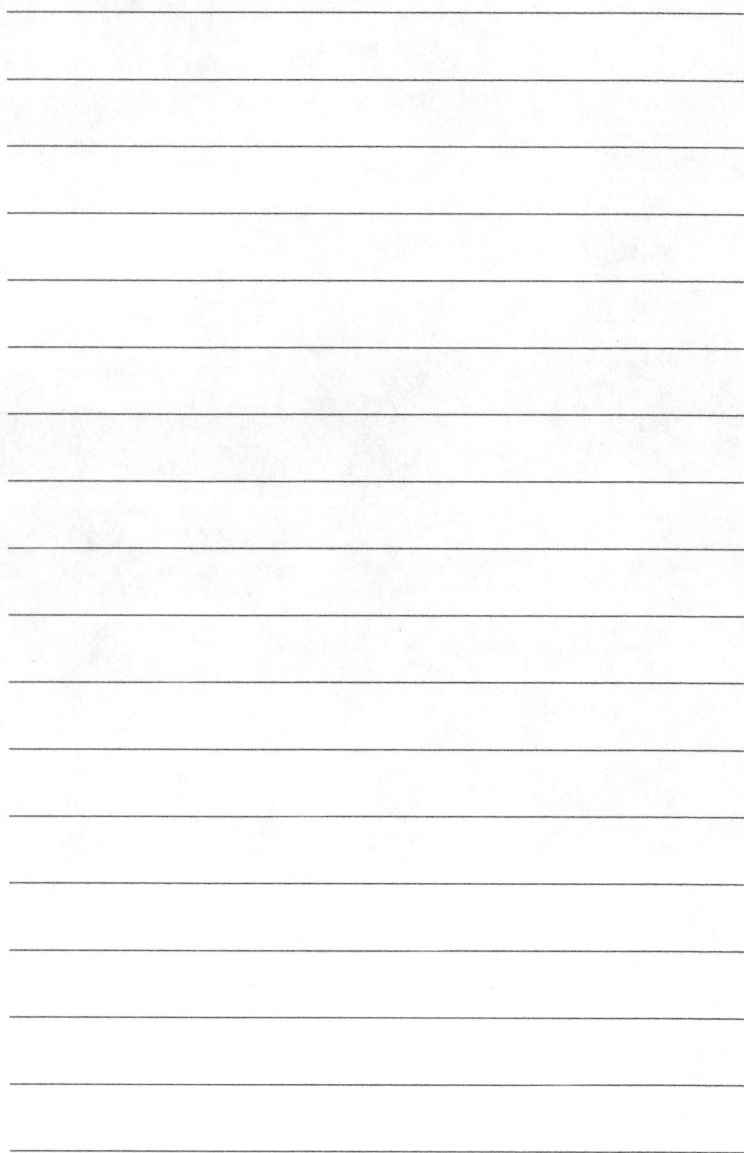

DE SUEÑOS A
MILAGROS

Dios habla de muchas maneras y de diversas formas. Si bien la mayoría de nosotros progresamos cuando pasamos de escuchar a Dios a través de terceros a comprender cómo nos habla en nuestros sueños, otras personas trascendieron los aspectos esenciales y comenzaron a tener encuentros con Dios cara a cara que generan milagros. Moisés, nuestro caso ilustrativo, era un hombre sobrenatural que tuvo muchos encuentros con Dios. Es probable que Moisés sea uno de los ejemplos más asombrosos que aparece en la Biblia sobre una persona que transitó la madurez del Espíritu junto a Dios. Era conocido por milagros, señales y prodigios asombrosos. ¡Y creo que la fuente de su poder eran sus encuentros cara a cara con Dios! Pasó de ser un cobarde y un asesino a convertirse en un poderoso hacedor de milagros cuando Dios lo visitó en la forma de una zarza ardiente y transformó su vida. ¡Estableció una intimidad con Dios que a veces era literalmente cara a cara! (Ver Éxodo 3:2).

Esa posibilidad de ver a Dios cara a cara también está disponible para nosotros. Cuando estaba ministrando en Escocia hace algunos años, se produjo uno de los encuentros más significativos que tuve con Dios. El mismísimo Jesús se me apareció mientras estaba orando. Me tocó la parte de atrás de la cabeza y oró para mí. Mientras lo hacía, sentí el fuego del Espíritu de Dios corriendo por todo mi ser. ¡Fue asombroso! Lo que es todavía más increíble fue lo que sucedió como consecuencia de ese encuentro.

Cuando nos encontramos con Dios de esa forma, debe haber evidencias sobre el incremento del fruto. Ese fruto puede ser un cambio de personalidad o una transformación en la dinámica ministerial. Desde que tuve ese encuentro, se incrementaron claramente las demonstraciones del poder de Dios en nuestras reuniones.

En la próxima temporada de ministerio, observamos que Dios hizo milagros más creativos que nunca antes. Fuimos testigos de cómo los ciegos vieron, los sordos oyeron, los cojos caminaron, las extremidades faltantes volvieron a crecer y, lo más importante de todo, se incrementaron notablemente los milagros producidos por la presencia de Dios sin que nadie impusiera las manos sobre nadie. Dios simplemente acudía por decisión propia y su presencia en la atmosfera de nuestras reuniones sanaba a personas como consecuencia del encuentro cara a cara, de la visitación personal de Jesús en la que posó Sus manos sobre mí.

¿Cómo accedemos a tener encuentros más importantes con Dios?

¡Otra de las cosas asombrosas sobre la vida de Moisés es que tuvo encuentros increíbles con Dios! Una vez escaló una montaña llena de fuego y gloria ¡y pasó tiempo con Dios! Cuando descendió de la montaña, su rostro resplandecía como el sol. La luz que irradiaba su rostro asustó a todos los que lo rodeaban, por lo que tuvo que taparse la cara con un velo. Se llevaron un gran susto. (Ver Éxodos 34:29-31.)

Cuando lo sobrenatural empieza a salir a la luz, la gente religiosa se asusta. Esa es la primera reacción que tienen. En lugar de decir: "¡Caray! ¿Conoces a Dios? Quiero conocer a Dios así", ellos quieren detener la gloria. Y entonces allí está Moisés, ese hombre de Dios que tiene una relación íntima con Él y que ha visto más señales y prodigios de lo que podamos imaginar. Si vieran esas mismas señales y prodigios, ¡las personas se llevarían un gran susto! Todo el tiempo escucho que la gente juzga las cosas según su propio pensamiento en vez de esperar para ver si realmente hay algún fruto.

Uno de los puntos principales para escuchar la voz de Dios a través de sueños y visiones es superar los miedos. Muchas personas que son llamadas a ser videntes en el espíritu son embestidas durante su niñez por medio de pesadillas o sueños oscuros. Esos son ataques deliberados que el diablo ejecuta contra el pueblo de Dios para impedir que las personas cumplan su destino profético. Debemos empezar a creer que la capacidad de Dios para protegernos es más grande que la capacidad del diablo para engañarnos. Demasiados cristianos le temen al diablo. Tienen un diablo grande y un Dios muy pequeño.

¡Debemos comprender que el vencedor vive dentro de nosotros como Cristianos! (Ver 1 Juan 4:4.)

Debemos entender que nuestro Padre celestial es bueno y le encanta regalar dádivas buenas a sus hijos. (Ver Mateo 7:11.)

¡Debemos empezar a creer que nuestro Padre divino puede protegernos y evitar que caigamos en el engaño del diablo y es capaz de librarnos de todo mal! (Ver Judas versículo 24.)

¿Cómo sabremos si un encuentro proviene de dios?

Algunos de los encuentros más grandiosos que he tenido fueron muy extraños. No hay que juzgar a los encuentros espirituales según qué tan extraños o claros hayan sido. Sino que la manera en que debemos analizar o probar los encuentros con Dios consta de dos aspectos. Lo primero que debemos preguntarnos es: ¿la visión o el sueño concuerda con la palabra de Dios? Una característica del encuentro espiritual con Dios es que debe concordar con Su palabra. La Palabra y el Espíritu van de la mano. El segundo aspecto que buscamos es el fruto. ¿El encuentro produce un fruto en la vida de quien lo experimenta? ¿Se genera un cambio o transformación en la vida o en la mentalidad como consecuencia del encuentro? ¿Se experimenta la libertad como resultado del encuentro? ¿Sirve como prueba de que se incrementan el amor y el poder de Dios?

A medida que supere su temor de ser engañado, podrá recibir visitaciones más importantes de Dios. Como dice John Paul Jackson: "La paz es la tierra fértil en donde crece la revelación". Cuando confiamos en Dios y adoptamos Su paz, comenzamos a ver en el espíritu y muchas veces eso nos permite tener encuentros cara a cara con Jesús.

Los sueños pueden impartir una unción sobrenatural

A veces, podemos tener encuentros cara a cara con Dios y no darnos cuenta de ello. Eso les sucedió a los dos discípulos ante quienes Jesús hizo su aparición en el camino a Damasco y ni siquiera lo reconocieron cuando les predicó el evangelio, desde el principio hasta el final de la Biblia. Del mismo modo, podemos no reconocer un encuentro con Jesús. No se dieron cuenta quién era hasta que le suplicaron que pasara la noche con ellos en vez de viajar a otra ciudad. Recién lo reconocieron cuando Jesús partió el pan para la cena. Inmediatamente después, Jesús desapareció de su vista. (Ver Lucas 24:30.)

Habían estado con el Señor y no lo reconocieron porque pensaban que Jesús estaba muerto. Sin embargo, Jesús apareció de otra forma poco familiar...parecía que había venido a través de un sueño. A veces el señor aparece como Él mismo o en otra forma para proporcionar una impartición a través de un sueño o de una visión.

Si bien habló con Moisés cara a cara, Dios eligió hablar a Salomón en un sueño. 1 Reyes 3:5 nos cuenta que el Señor se le apareció a Salomón en un sueño nocturno y le dijo que pidiera lo que deseaba su corazón y le garantizó que se le iba a conceder. Así que Salomón le pide a Dios sabiduría para poder liderar a Su pueblo. También le pide sabiduría para discernir lo bueno de lo malo. Esta petición agradó a Dios y finalmente le da tanto sabiduría como riquezas y renombre en su época. Más adelante, Dios le declara a Salomón que no habrá otro Rey, ni antes ni después, que se posea tanta sabiduría en su vida como él. (Ver 1 Reyes 3: 10-13.)

La respuesta de Salomón a ese sueño fue increíble. ¡Él fue al arca de Dios y le dio su alabanza tanto por el sueño como por la activación de la impartición de la sabiduría de Dios! Entonces Salomón alabó a Dios y fue después de eso que la palabra de Dios, la que fue pronunciada a Salomón en su sueño, se cumplió.

Mucha gente dice ver al Señor en un sueño. Pero a veces, Él se presenta en una determinada forma o como una persona que ya conocemos. Se esconde dentro de la persona con la cual usted sueña. La impartición originada a través de esa persona en el sueño es igual de poderosa que si el mismísimo Señor se presentara ante nosotros. De hecho, la persona en el sueño puede ser Jesús, o el Padre, oculto ante usted de la misma manera en que Jesús se ocultaba de los discípulos en el camino de Damasco hasta que partió el pan y reveló la verdad.

Recuerdo que una vez me encontraba en una reunión de avivamiento con un hombre de Dios maravilloso, el Dr. James Maloney. En aquella reunión, James se desempeñó poderosamente en el ámbito de los milagros. Mientras él oraba por la gente, Dios hacía milagros extraordinarios a través de él. Uno de los milagros que realmente me llamó la atención fue en el que oró por las personas que habían tenido accidentes automovilísticos y en las cirugías les habían colocado metal en sus cuerpos. Mientras él oraba, el metal desaparecía. Lo observé orar por una mujer que tenía una varilla metálica en su espina dorsal. En ese momento, ella sintió que el metal se disolvía y así pudo recuperar el rango original de movimiento en su espalda. Por primera vez desde que los médicos le colocaron la varilla metálica como soporte para las múltiples roturas de discos, pudo tocar sus pies. ¡Fue maravilloso! ¡Hasta pudo doblarse hacia atrás, lo que habría sido imposible de haber tenido la varilla metálica en la espalda!

Supe que quería ver ese tipo de milagros fluir a través de mi vida y también de mi ministerio. Así que diseñé un plan. Sabía que la unción de Dios presente en las personas era transferible y podía impartirse por la imposición de manos. Pablo habló de impartir los dones espirituales al imponer las manos. (Ver 2 Timoteo 1:6) Jesús hizo eso con los doce discípulos y luego impuso las manos sobre los otros setenta discípulos y el poder fue transferido. Así que decidí acercarme al Dr. Maloney al final de la reunión y solicitarle una oración de impartición.

Cuando finalizó la reunión, para mi sorpresa, lo guiaron hacia afuera antes de que pueda hacerle una pregunta. Estaba un poco desilusionado porque no pude pedirle que ore pero le dije a Dios que quería la misma unción. A los dos días tuve un sueño. En ese sueño, el Dr. Maloney se me acercó e impuso sus manos sobre mí y oró para que recibiera la impartición de la autoridad gubernamental de Dios para derretir los metales. Sentí una ráfaga del espíritu y me caí al suelo temblando bajo el poder de Dios. Cuando me desperté, todavía sentía el poder de Dios recorriendo todo mi cuerpo.

Recuerdo que me desperté y dije: "Tengo que ir a otra reunión del Dr. Maloney rápido para que me imponga las manos".

Pero en eso oí al Espíritu Santo responderme: "No hace falta que vayas a otra reunión del Dr. Maloney. Dios Padre acaba de impartirte la misma unción para disolver los metales en el sueño que recién tuviste. Ahora ve tú mismo e impón tus manos sobre las personas que tienen metales en el cuerpo y observa lo que sucederá".

La semana siguiente, tenía programado viajar a Atlanta, Georgia, para ministrar. Lo primero que hice fue preguntar si alguien tenía clavos o placas metálicas que los médicos hayan colocado en sus cuerpos y les declaré que Dios iba a sanarlos. Confiaba ciegamente en el sueño que había tenido. Pasó al frente un hombre que tenía 13 clavos metálicos sosteniendo su tobillo, cuyos huesos se habían roto por completo en un accidente de tránsito. Antes de orar por él, le pregunté si podía percibir los clavos metálicos y me respondió que sí. Mientras oraba por él, el hombre me dijo que sentía un fuego que le atravesaba el tobillo y el pie. Luego, después de orar, le pedí que intentara percibir nuevamente los clavos de metal ¡pero ya no pudo localizarlos! Se había sanado por completo.

Desde ese momento, comencé a ver los metales disolverse en muchas reuniones donde predicamos. Hoy día sigue siendo uno de los milagros más notables y extraordinarios que se producen constantemente en nuestro ministerio. Eso fue maravilloso para mí porque pude obtener la impartición que había deseado, no de un hombre que me impusiera las manos, sino de mi Padre celestial, quien me amó lo suficiente como para activar el deseo de mi corazón en un sueño.

Muchos lectores de este libro pueden haber tenido un sueño en el que un predicador famoso le impuso las manos y profetizó una unción sobre tu vida. O tal vez tengan un padre o una madre espiritual que les impuso sus manos para que recibieran una impartición en un sueño una visión. ¿Qué tal si era Jesús o su padre celestial adquiriendo otra forma para impartirle a usted lo que le hacía falta en ese momento de necesidad? ¿Y si no fue James Maloney quien me impartió en el sueño una unción para una sanación específica sino el mismísimo Jesús que se hizo presente en la forma de James? Eso es algo para pensar.

¡Dios es el activador e impartidor más grande que existe! Son muchos los cristianos que van de reunión a reunión para recibir lo que Dios ya ha activado en sus vidas. Si se dejaran guiar por la fe, verían que esa unción impartida produce su fruto. Lo primero que pensé fue que necesitaba que el Dr. Maloney me impusiera manos en el mundo natural durante la reunión. Pero en aquel sueño, Dios Padre se presentó en la forma del Dr. Maloney e impartió la unción que yo deseaba y el Espíritu Santo me dijo que diera el primer paso y que orara. Luego tuvo lugar la manifestación.

Algunos de nosotros sentimos que debemos analizar los sueños y encuentros que vivimos. Si usted sueña que ora por los enfermos y ellos se sanan, ¡entonces ponga sus manos sobre los enfermos y sea testigo de lo que Dios hará! Si tiene un sueño en el que profetiza, dé un paso de fe y declare palabras proféticas sobre las personas. Dios está activando a mucha gente en todo el mundo por medio de sueños y visiones. ¡Las manifestaciones de la activación se verán en el mundo natural si aprendemos a responder a lo sobrenatural con un paso de fe!

Podemos aprender de Salomón cómo responderle a Dios cuando Él nos habla a través de sueños y visiones. ¡La respuesta de Salomón fue un acto de alabanza hacía Dios por la palabra! Siempre que Dios programa un encuentro con nosotros para comunicarnos Su palabra, se nos exige una respuesta. La administración es una parte importantísima del proceso que nos permite ver cómo se cumple la palabra de Dios. Debemos aprender a darle las gracias a Dios cuando Él elige hablarnos, sin importar el modo ni el momento en que lo hace. Por lo tanto, tenemos que posicionarnos para recibir de Él las promesas que mencionó.

¿Cómo debemos posicionarnos para recibir las promesas proféticas de Dios?

Muchos cristianos no ven cumplirse los sueños y visiones que Dios les da porque no hacen nada al respecto. No es suficiente sólo pensar o hablar sobre los sueños y visiones que Dios nos entrega. Las visiones y los sueños requieren una respuesta de fe, esa fe que se representa en la acción.

Lo primero que tiene que hacer con un sueño es recurrir a Dios para su interpretación. ¿Qué tipo de sueño es? ¿Qué es lo que Dios está tratando de mostrarle sobre usted mismo o sobre su llamado espiritual? ¿El Espíritu Santo le está advirtiendo algo o le impartiendo un don? Una vez que ya tiene la interpretación, ¿qué debe hacer?

Tiene que someterse a la presencia de Dios y comenzar a decretar lo que ve hasta que se cumpla la manifestación de lo que Él le mostró. Job 22:28 indica: "Determinarás asimismo una cosa, y te será firme, y sobre tus caminos resplandecerá luz". Tenemos que respaldar nuestra fe con hechos. Si usted le clama a Dios que le hable en sueños y visiones y Él finalmente lo hace, entonces tiene que orar sobre lo que Él le revela y debe colocar Su palabra por encima de su vida y de su situación. A medida que empieza a declarar lo que Dios le revela en la oración, sus declaraciones de fe desatarán la gracia y la luz de Dios, que resplandecerá sobre todos sus caminos.

El próximo paso de fe requiere que usted se posicione para recibir en el mundo natural lo que Él le revela. Por ejemplo, si Dios le da un sueño o le revela una visión en la que usted es llamado a ser dueño y director de una empresa Fortune 500, sería una buena idea comenzar a ir a la universidad para obtener un título de administración de empresas. Al hacer eso, su educación provee un odre a Dios para comenzar a derramar Sus bendiciones sobre usted y a través suyo. Muchas personas desean el nuevo vino del cielo pero no se posicionan para recibirlo. Los llamados requieren una respuesta. Por eso la Biblia dice que muchas personas son llamadas pero pocas son escogidas (Mt 22:14), porque no se ubican en una posición para ser las elegidas.

Viendo a través el Espíritu

Dios desea abrir nuestros corazones y nuestros ojos a la esfera del Reino, pero hay algo que aprendí después de haber caminado con Dios y de haber leído las Sagradas Escrituras. No se puede acceder a lo sobrenatural si no se escucha al Espíritu y se ve a través de Él.

¿Por qué?

La unción decisiva de Jesús se encuentra en Juan 5:19. Él

dijo: "No puede el Hijo hacer nada por sí mismo, sino lo que ve hacer al Padre". Más adelante en el mismo capítulo, Él habla acerca de que jamás hace algo antes de oír lo que el Padre le indica hacer. Es desde ese lugar que Él pronuncia sus juicios. Porque esos juicios proceden de las órdenes de Dios, son juicios correctos y poderosos.

Lo que Dios desea hacer es abrir nuestros ojos, abrir nuestros oídos y darnos madurez. Hechos 2 dice que Dios va a derramar sueños, visiones, milagros, señales y prodigios. Si Él va a hacer eso y como consecuencia las almas entrarán al Reino, necesitamos entender los sueños, visiones, señales y prodigios. ¡Necesitamos comprender lo sobrenatural!

Todo este tema de los sueños, visiones y encuentros se encuentra a lo largo de toda la Biblia. Podría enseñar desde el Antiguo Testamento hasta el Apocalipsis sobre los sueños y visiones. Pero si usted desea que su espíritu sea activado hacia mayores experiencias en sueños y visiones, deberá escrudiñar las historias de otros sueños y profetas en la Palabra por su propia cuenta. Dios le hablará mientras lee. La Biblia es su manual de guía definitivo y el intérprete de los símbolos en sueños. ¡Empiece a leer!

También comience a pedirle a Dios que le entregue sueños y encuentros. No olvide dejar un bloc de notas al lado de su cama y recurrir a Dios para interpretar los sueños y visiones con Él.

ACERCA DE
JERAME NELSON

Jerame Nelson es el fundador de Living at His Feet Ministries (Ministerios Vivir a Sus Pies). Es escritor, reconocido conferencista internacional y predicador a cargo del avivamiento de campañas para las naciones.

La pasión de Jerame es equipar el cuerpo de Cristo para poder oír la voz de Dios, así como transitar por el poder sobrenatural de Dios en la vida cotidiana. Jerame y su esposa Miranda viven en Pasadena, California, y trabajan juntos en el ministerio con el fin de cambiar las vidas de miles de personas a través del Evangelio de Jesucristo.

PRODUCTOS

Otros libros y productos por Jerame incluyen:

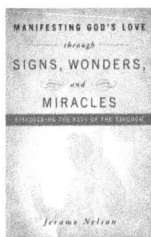

Manifesting God's Love through Signs, Wonders, and Miracles
(Destiny Image Publishers, 2010)

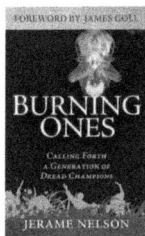

Burning Ones: Calling forth a Generation of Dread Champions
(Destiny Image Publishers, 2011)

Activating Your Spiritual Senses: A closer look at having a supernatural relationship with God
(Living At His Feet Publications 2012)

Developing Your Seer Anointing
(3 CD Set, 2012)

Come into the Glory:
A Techno Experience

CONTACTO

Para más información sobre el ministerio y el libro de
Jerame Nelson, visite: www.livingathisfeet.org

Dirección:
>   Living At His Feet Ministries
>   591 Telegraph Canyon Rd. Suite 705
>   Chula Vista, CA 91910

Correo electrónico: admin@livingathisfeet.org
Siga a Jerame Nelson on Twitter en: @jeramenelson

Living At His Feet
PUBLICATIONS

www.ingramcontent.com/pod-product-compliance
Lightning Source LLC
Chambersburg PA
CBHW032052040426
42449CB00007B/1078